W0295975

JOËL IDT, JULES-MATHIEU MEUNIER, LUCIE RENOU

AVEC LES CONTRIBUTIONS DE L'AGENCE ALPHAVILLE
(AMÉLIE PINCA, BENJAMIN CHRISTIAEN ET BRUNO YVIN)

● Marseillan

GÉRER LA PETITE VILLE TOURISTIQUE

Marseillan (Hérault) face aux fluctuations démographiques saisonnières

POPSU

autrement

Marseillan

Région
Occitanie

Département
Hérault

Intercommunalité
Sète Agglopôle Méditerranée

Code postal
34340

Effectif de la population
7 778

Part de la population de la commune
dans la population totale de l'intercommunalité
6,2 %

Programme national
Petites villes de demain

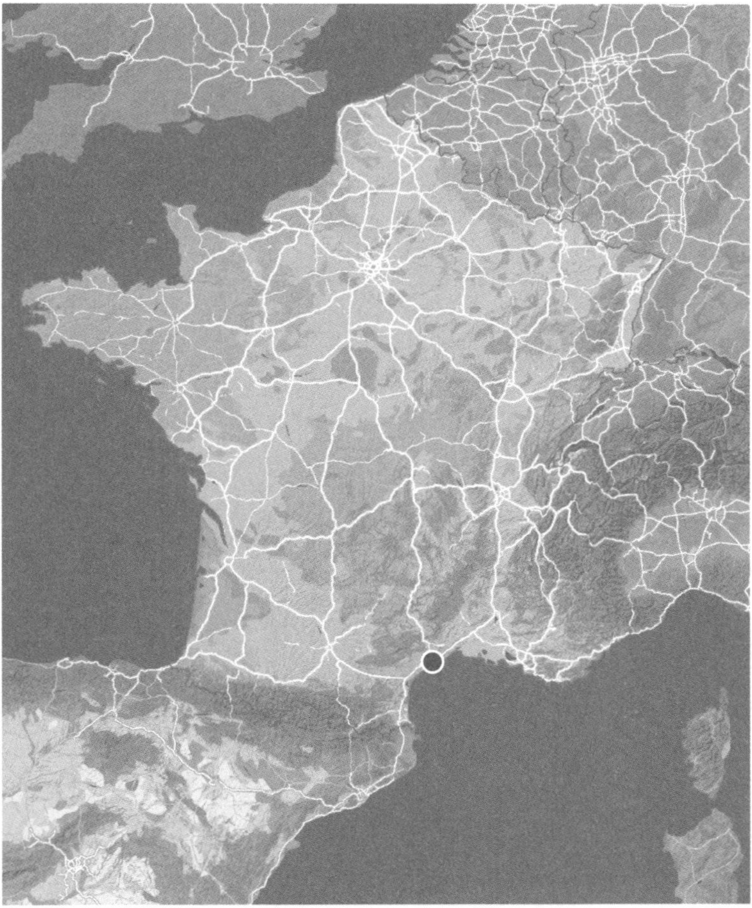

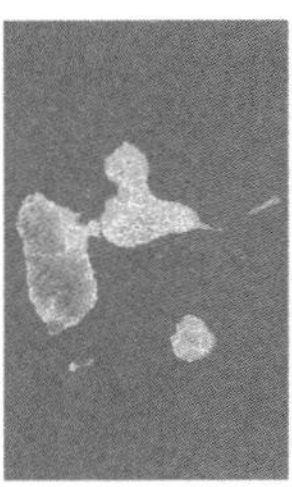

Guadeloupe

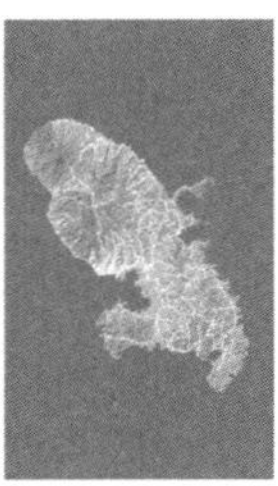

Martinique

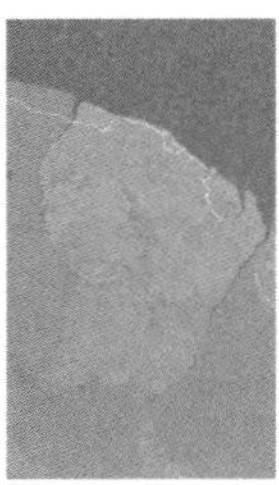

Guyane

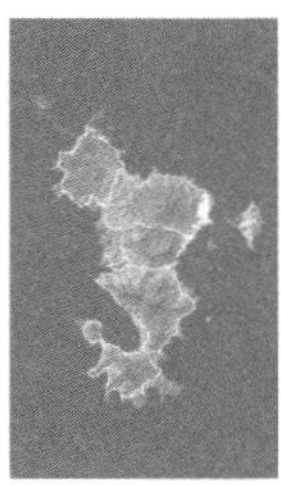

Mayotte

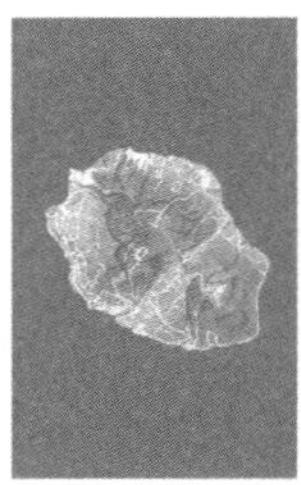

La Réunion

INTRODUCTION

MARSEILLAN, PETITE VILLE SOUS CONTRAINTES DE FLUCTUATIONS DÉMOGRAPHIQUES TOURISTIQUES

L'importante activité touristique de Marseillan induit de grandes variations démographiques saisonnières. La population présente sur le territoire de cette commune de l'Hérault avoisine 8000 habitants l'hiver (7778 habitants selon l'Insee[1]), mais elle est selon toute vraisemblance multipliée par un facteur allant de 6 à 8 l'été, le chiffre de 60000 personnes étant souvent avancé par les acteurs locaux pour décrire le cœur de la saison (du 14 juillet au 15 août). La réalité démographique est cependant difficile à mesurer avec exactitude du fait de la diversité des formes de présence sur le territoire communal, entre des séjours ponctuels et des occupations à l'année de certaines résidences secondaires. L'importance du tourisme se reflète dans l'organisation spatiale de la commune, caractérisée par une structure bicéphale : la station balnéaire littorale, Marseillan-Plage, qui concentre une grande partie des résidences secondaires ainsi que dix-neuf campings, se trouve à cinq kilomètres du village historique situé dans les terres en bordure de l'étang de Thau.

Plusieurs travaux de chercheurs et de statisticiens ont étudié ces phénomènes de démographie touristique sous l'angle de l'économie présentielle, ou encore à travers les tensions et les conflits entre les populations habitantes à l'année et les touristes[2]. Le travail de l'équipe POPSU Territoires à Marseillan se concentre sur un autre aspect, complémentaire mais généralement moins investigué : celui de l'impact des variations démographiques saisonnières sur l'action publique locale, dans tous les domaines et y compris sur des questions a priori non liées au tourisme[3].

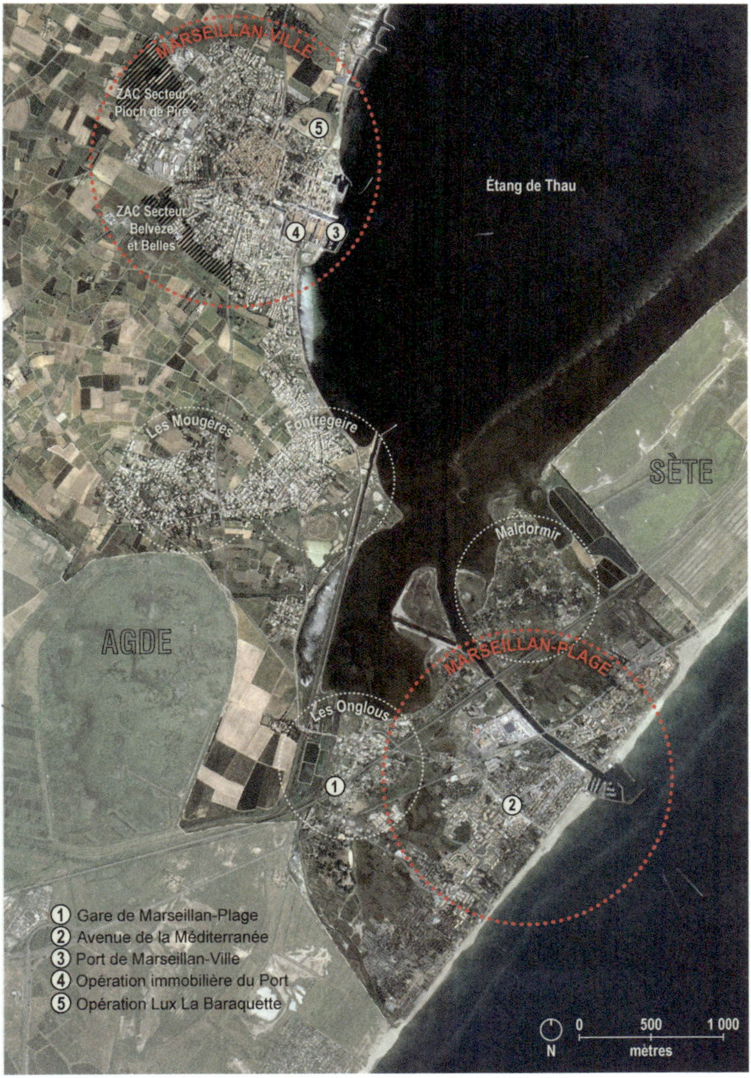

FIGURE 1

Vue aérienne de Marseillan

On y voit Marseillan-Plage et Marseillan-Ville,
mais aussi l'importante urbanisation entre ces deux pôles.

Nous nous attachons ainsi à saisir les modalités particulières de gestion et de gouvernance urbaines dans ce contexte d'une population à deux (voire à trois ou quatre) vitesses, variant fortement, en nombre mais également dans sa composition, entre l'été et l'hiver. Comment s'organise l'action publique locale dans cette situation et quelles en sont les spécificités ? Quelles sont les conséquences sur l'aménagement urbain, les équipements publics ou encore les services à la population[4] ? Comment les politiques publiques urbaines et les projets sont-ils élaborés et à quels publics s'adressent-ils en priorité ? Sur quels modèles les activités économiques fonctionnent-elles ? De quelle manière la vie locale compose-t-elle avec des variations démographiques aussi marquées ?

Le cas de Marseillan apparaît d'autant plus pertinent pour aborder ces questions qu'il est emblématique de très nombreuses petites et moyennes villes françaises où le tourisme constitue l'une des principales activités[5] et engendre des fluctuations démographiques saisonnières très fortes, bien plus que dans les grandes agglomérations où les variations sont plus lissées. En France, dans de nombreuses stations balnéaires l'été et stations de ski l'hiver, la population présente peut facilement décupler au plus fort de la saison. Mais sont aussi concernées de nombreuses autres villes à fort taux de résidences secondaires, sur tout le territoire français à une certaine distance des métropoles (y compris dans le Bassin parisien), même si les fluctuations y sont de moindre amplitude[6]. Le tourisme est aussi souvent considéré, à tort ou à raison, comme le seul levier de développement possible de territoires en déclin qui s'y engagent à corps perdu.

La restitution du travail d'enquête de l'équipe POPSU Marseillan s'organise en trois temps. Nous nous attachons d'abord à décrire en détail les spécificités de la gestion urbaine marseillanaise et les compromis sociopolitiques qui sous-tendent l'action publique locale. Nous nous intéressons ensuite aux tensions et aux effets pervers qui résultent malgré tout de l'attractivité touristique de la ville et avec lesquels les acteurs doivent composer. Nous pointons en conclusion les questions que la situation marseillanaise soulève plus globalement quant à l'avenir du littoral français et sa dépendance au tourisme.

NOTES DE FIN D'INTRODUCTION

1 Population légale de la commune 2017, selon les chiffres publiés par l'Insee au 30 décembre 2019.

2 Voir Christophe Terrier, « Flux et afflux de touristes : les instruments de mesure, la géomathématique des flux », *Flux*, n° 65, 2006, p. 47-62, 2006 ; Laurent Davezies, L*a République et ses territoires : la circulation invisible des richesses*, Paris, Seuil, 2008 ; Vincent Vlès, « Entre redynamisation urbaine et banalisation des espaces : tensions et enjeux de l'urbanisme touristique », *Mondes du tourisme*, n° 3, 2011, p. 14-25 ; Jean-Michel Decroly, « Tourisme et dynamiques démographiques : des relations multiples, denses et mal connues », *Espace, populations, sociétés*, n° 2, 2003, p. 239-249.

3 Sur les conséquences de la mise en tourisme des villes sur l'action publique, voir Elsa Martin, « L'action publique et ses limites en matière de flux de population : analyse d'un centre ancien patrimonialisé », *Géocarrefour*, vol. 91, n° 3, 2017.

4 La question de l'adaptabilité des équipements et services urbains face au tourisme est particulièrement vive dans les villes moyennes et petites (voir Elsa Martin, « Les villes moyennes face à la présence touristique : de l'engagement des élus aux représentations des habitants », Métropolitiques.eu, 2014). Pourtant, le lien entre activité touristique, fluctuations démographiques saisonnières et calibrage des équipements et services urbains à l'échelle d'une commune a été jusqu'ici relativement peu pris en charge par la recherche, à la différence d'autres formes d'interactions entre activités touristiques et dynamiques des territoires, par exemple les travaux consacrés à l'impact du tourisme sur l'environnement naturel local (voir Mélanie Gauche, « La fonction touristique des territoires : facteur de pression ou de préservation de l'environnement ? », rapport pour le ministère de l'Environnement, de l'Énergie et de la Mer, 2017), ceux qui s'intéressent à l'impact du tourisme sur les finances locales (voir Guy Gilbert et Alain Guengant, « Évaluation de la performance péréquatrice des concours financiers de l'État aux communes », *Économie et statistique*, n° 373, 2004, p. 81-108) ou ceux portant sur le tourisme comme vecteur de développement

économique des territoires (voir Patricia Lejoux, « De l'économie touristique à l'économie présentielle : le cas des régions et des départements français », *Journal for Communication Studies*, vol. 2, n° 2, 2009, p. 11-28).

5 Ainsi que l'une des principales (voire la seule) pistes de développement territorial. Voir Marie Delaplace, « Le tourisme dans les villes moyennes : vers des politiques coordonnées », Métropolitiques.eu, 2013. Voir aussi les actes du colloque organisé sur le sujet par la Fédération des maires de villes moyennes : FMVM, « Le tourisme, une opportunité pour dynamiser les villes moyennes », actes du colloque du 10 juin 2010, Palais du Luxembourg, 2010 (en ligne).

6 Laurent Davezies souligne la diversité des territoires fonctionnant sur la base de l'économie résidentielle, et en particulier de l'économie touristique. Voir Laurent Davezies, *La République et ses territoires*, *op. cit.*

HOTEL
HÔTEL
RICHMONT

MARSEILLAN-PLAGE
AGDE
P MARSEILLAN-
PLAGE
SÈTE
MONTPELLIER
P Castellas
MARSEILLAN
EST SUIVRE
DÉVIATION
700M
200 m

UNE SOCIÉTÉ LOCALE ORGANISÉE AUTOUR DU TOURISME

Comment s'organisent la ville, les activités sociales et la vie locale, et comment la commune est-elle gérée et gouvernée dans cette situation d'intenses fluctuations démographiques? Nous aurions pu croire que la saisonnalité constituait un problème auquel les acteurs étaient confrontés et qu'ils peineraient à résoudre. Il s'agit en réalité du régime courant de fonctionnement de la ville: la saisonnalité fait partie du quotidien; elle est pleinement intégrée dans l'organisation et les pratiques de chacun. Nous nous intéressons ici à la manière dont les acteurs, publics et privés, y font face.

UNE SAISONNALITÉ OMNIPRÉSENTE

La saisonnalité imprègne les services à la population, publics comme privés, les activités économiques, les commerces, la gestion de la commune, et plus largement la vie locale au quotidien dans tous les domaines. Elle occasionne de fortes variations temporelles dans la fréquentation des équipements publics et des commerces, ou dans le fonctionnement des services urbains, comme la collecte des déchets, l'eau ou l'assainissement. La police municipale réalise ainsi près de la moitié de ses interventions pendant les mois de juillet et août.

Une bonne partie des activités économiques de la ville fonctionne au ralenti en basse saison. Les campings, par exemple, sont fermés au public en hiver alors qu'ils génèrent des flux importants l'été en eau, en déchets, ou même en téléphonie mobile ou Internet. La saisonnalité marque aussi la fréquentation des espaces naturels, des plages à l'étang de Thau ou à la réserve naturelle du Bagnas. Quelques services ou équipements, cependant, sont beaucoup moins marqués par la saisonnalité, comme le centre communal d'action sociale (CCAS) qui s'adresse surtout aux habitants permanents et dont l'activité est relativement stable toute l'année.

Au-delà du volume, la saisonnalité transforme également la nature et le type de services ou de prestations. Les déchets, par exemple, ne sont pas les mêmes en hiver qu'en été, où l'activité des commerces et des restaurants est plus importante. Les touristes et les acteurs économiques du tourisme ont des attentes et des besoins spécifiques. Les commerces font face à des demandes différentes pendant la saison estivale. Ainsi, les pharmaciens accueillent une clientèle dont les médecins traitants ne sont pas sur place : ils doivent modifier leurs pratiques, en échangeant des ordonnances par mail ou en prodiguant eux-mêmes des conseils médicaux.

L'ORGANISATION TERRITORIALE BICÉPHALE DE LA VILLE

Le tourisme et sa saisonnalité affectent jusqu'à l'organisation spatiale de la ville, séparée entre Marseillan-Ville, située dans les terres à cinq kilomètres de la côte, en bordure de l'étang de Thau, et Marseillan-Plage, station balnéaire au bord de la Méditerranée. Marseillan-Plage concentre une large part des infrastructures touristiques de la ville, avec la très grande majorité des campings et un parc important de résidences secondaires implantées depuis l'après-guerre[7]. Les variations démographiques y sont les plus marquées, avec seulement 1000 habitants hors saison et une population qui atteint le chiffre de 40000 en très haute saison[8]. La station fonctionne à plein régime en été et est progressivement mise à l'arrêt de fin août à fin octobre, au gré des fermetures de commerces essentiellement saisonniers : bars et restaurants, boutiques de plage, etc. En hiver, seuls une dizaine restent ouverts, avec des horaires réduits.

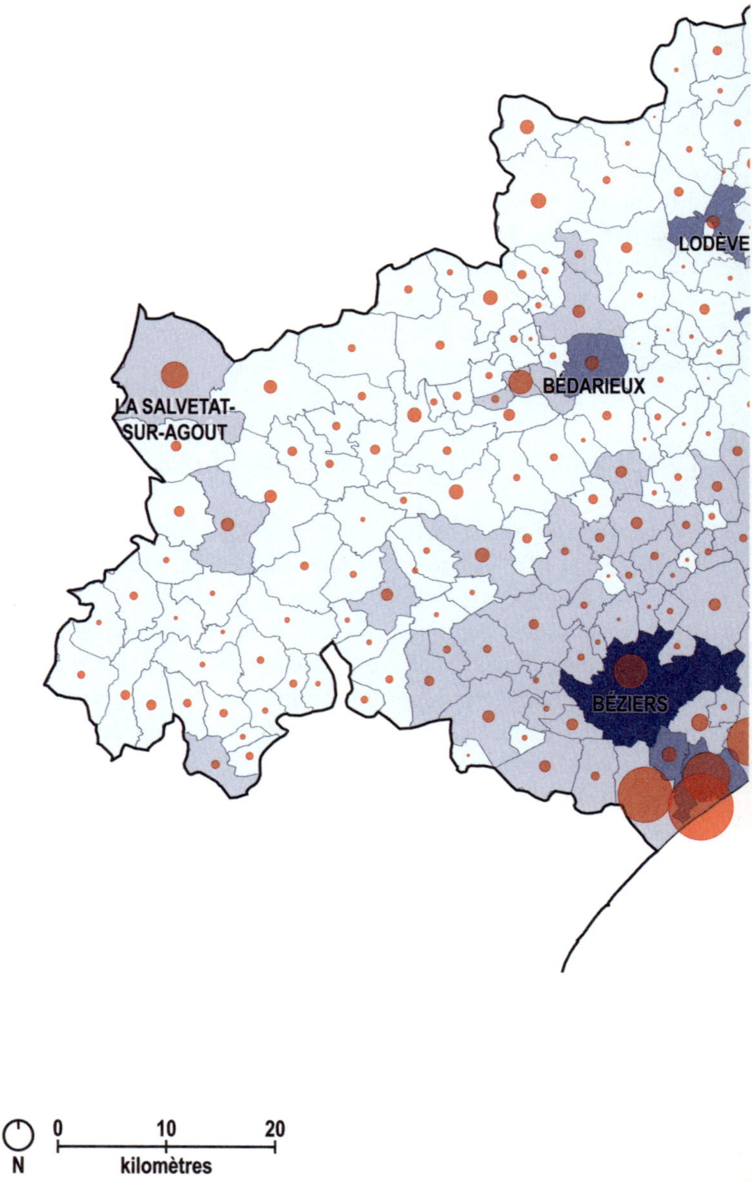
LODÈVE
BÉDARIEUX
LA SALVETAT-
SUR-AGOUT
BÉZIERS
N
0
10
20
kilomètres

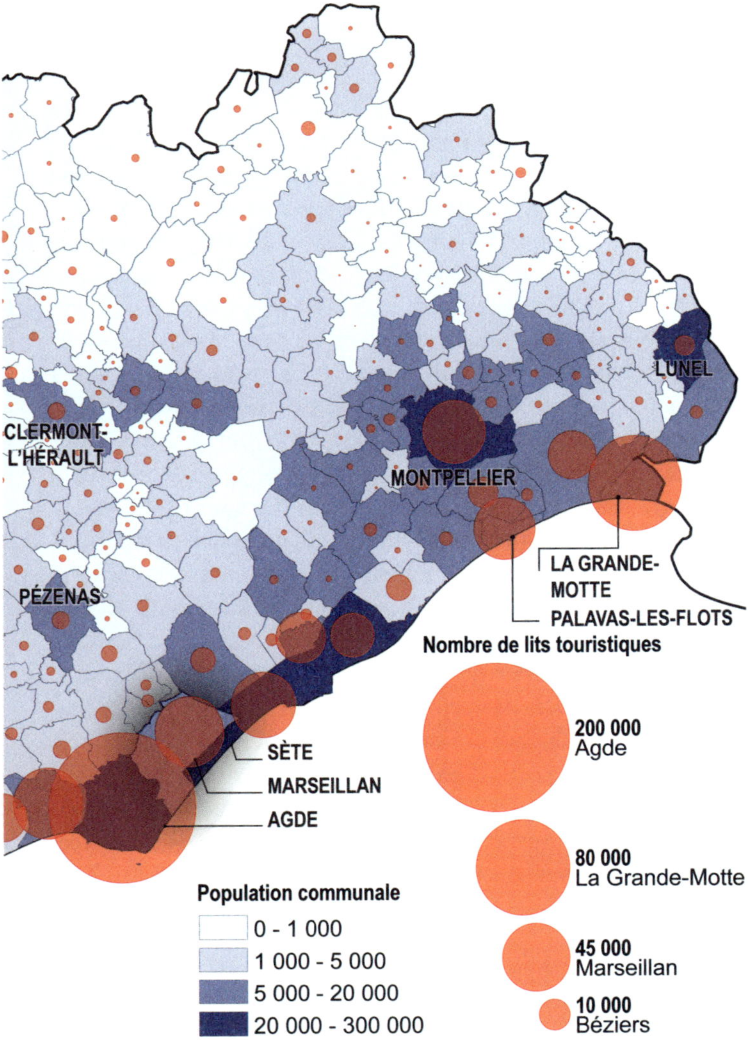

FIGURE 2

Superposition de la population résidente et de l'estimation du nombre de lits touristiques par commune dans l'Hérault

La population est concentrée sur le littoral, et plus encore les lits touristiques, sur une bande côtière assez réduite.

Même si les flux et les variations saisonnières y sont moindes, le tourisme n'est pas absent à Marseillan-Ville. Mais le type de tourisme est différent d'un pôle à l'autre. Alors que l'essor de Marseillan-Plage s'est appuyé historiquement sur un tourisme de masse et populaire, une autre forme de tourisme, que certains acteurs locaux qualifient de « tourisme vert » ou de « tourisme de qualité », se développe aujourd'hui dans l'arrière-pays, autour des espaces naturels, de l'œnotourisme, de la visite des exploitations conchylicoles ou de la navigation sur l'étang de Thau. S'inscrivant dans cette mouvance, Marseillan-Ville attire des vacanciers avec un pouvoir d'achat plus important, en quête d'une authenticité qui trouve de nombreux points d'appui dans le vieux bourg (patrimoine architectural, mais aussi galeries d'art, antiquaires et bouquinistes). Les maisons d'hôtes s'y établissent. Une opération de résidence touristique de luxe, le projet Lux La Baraquette, est même engagée. Marseillan-Ville attire également des populations quasi permanentes (notamment une importante communauté anglaise), plus aisées, qui achètent des maisons de ville dont ils s'attachent bien souvent à rénover les façades. Marseillan-Ville fait en outre office de centralité pour l'ensemble de la ville : les vacanciers de Marseillan-Plage y font des excursions régulières, pour s'essayer au kitesurf sur l'étang, faire le marché ou manger sur le port. À l'inverse, les habitants de Marseillan-Ville fréquentent nettement moins Marseillan-Plage en saison : pour eux, la structure bicéphale de la ville joue comme une « protection » contre les nuisances liées au tourisme, concentrées sur la station.

Mais le secteur géographique ayant connu les transformations les plus significatives à l'échelle de la commune se situe probablement en dehors de ces deux polarités. Il s'agit de l'entre-deux périurbain, en relation avec les processus d'urbanisation rapides des dernières décennies — à l'occasion desquelles la population municipale permanente a pratiquement doublé — et où l'on trouve aussi un parc de résidences secondaires important. L'urbanisation de quartiers tels que Les Onglous, Les Mougères ou Fontregeire s'est d'abord faite via l'ouverture à urbanisation nouvelle de grands terrains agricoles, avec la création progressive des équipements et réseaux induits[9].

Cette dynamique s'est fortement ralentie à partir du début des années 2000, en relation avec la modification des cadres réglementaires de la planification urbaine pour limiter l'étalement urbain, ainsi qu'avec la multiplication des périmètres inconstructibles liés à la protection des espaces naturels et aux risques environnementaux. L'entre-deux périurbain se transforme aujourd'hui davantage par densification que par extension. Le nouveau plan local d'urbanisme (PLU), approuvé en 2017, a notamment supprimé le «minimum parcellaire» qui était nécessaire pour toute construction, et de grands terrains de 1500 à 2000 mètres carrés ont été divisés pour créer de nouvelles maisons sur des parcelles de 200 à 400 mètres carrés. Enfin, certains secteurs ont été urbanisés en partie illégalement, sans autorisations de construire, notamment dans les quartiers Maldormir et Les Onglous.

L'ORGANISATION QUOTIDIENNE DES ACTIVITÉS COMMUNALES FACE AUX VARIATIONS DÉMOGRAPHIQUES

Les acteurs, publics comme privés, adaptent l'organisation de leurs activités aux variations démographiques. Ils jouent notamment sur les temporalités. Les commerces modifient leurs horaires d'ouverture pour se mettre au rythme des vacanciers et s'adapter à la demande: tel salon de coiffure ouvre sept jours sur sept pendant l'été, tel médecin reçoit sans

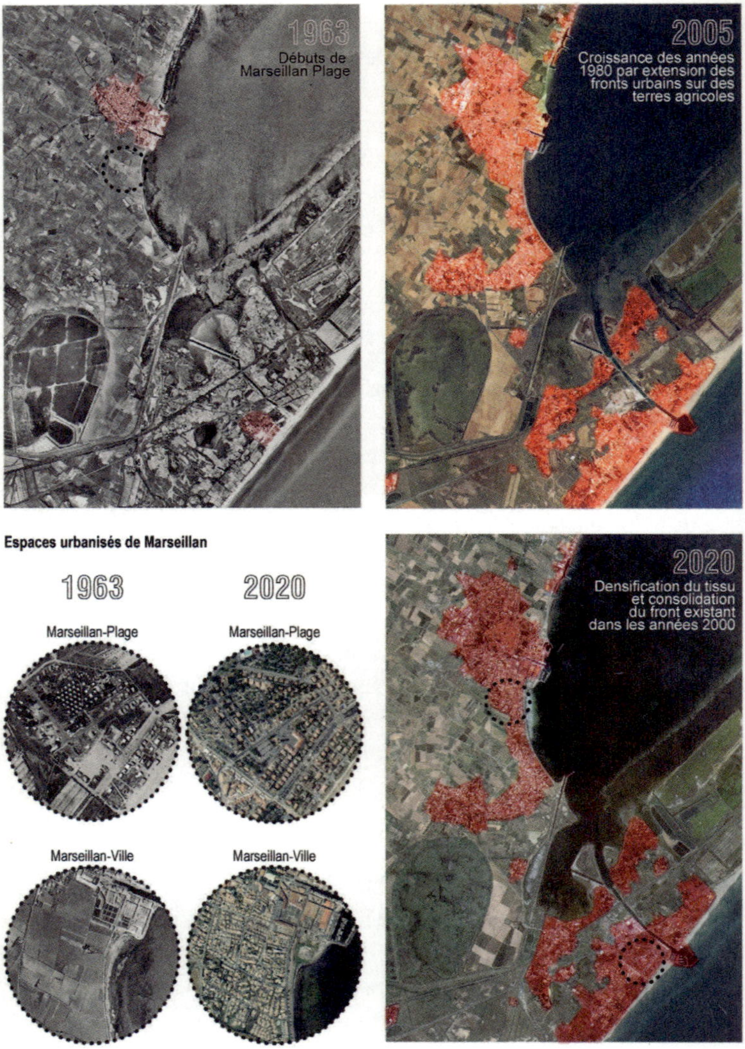

FIGURE 3

Processus d'urbanisation de Marseillan entre 1963 et 2020

La croissance urbaine s'opère par extension jusqu'au début des années 2000, avant de procéder ensuite par densification des secteurs déjà urbanisés.

rendez-vous jusqu'à plus de 20 heures, etc. À l'inverse, les commerçants doivent accepter la sous-activité hors saison s'ils veulent rester ouverts toute l'année. Il en va de même pour certains services et équipements publics. L'office du tourisme aménage ses horaires d'ouverture et ses activités en fonction de la saison. En été, la collecte des déchets s'opère à une fréquence plus rapide et avec un allongement des tournées: une utilisation plus intensive des équipements (camions de ramassage, centre de traitement des déchets) permet d'éviter leur surdimensionnement. Le réservoir d'eau potable fonctionne à flux tendu l'été, saison pendant laquelle il doit être rempli en permanence pour garantir l'autonomie d'approvisionnement, alors que le niveau peut descendre l'hiver.

Au-delà des horaires, les acteurs publics et privés ont tendance à modifier le contenu de leurs activités selon la période de l'année. La plupart des campings et des hôtels sont fermés au public hors saison, période pendant laquelle les directions se concentrent sur les activités d'entretien, de gestion comptable ou de communication. Une part significative des commerces, en particulier à Marseillan-Plage, est également fermée l'hiver. Certains font la saison d'été à Marseillan et la saison d'hiver dans une station de sports d'hiver, comme ce gestionnaire de salle de jeux d'arcade: jusqu'à récemment, il s'installait chaque année aux Deux-Alpes à la Toussaint, ce qui lui permettait d'amortir l'achat de ses consoles de jeux. De la même manière, la collecte des déchets se concentre l'été sur les zones les plus fragiles du littoral, avec une modification des tournées et un travail de sensibilisation des usagers. Il existe aussi des solutions sectorielles spécifiques: pour les transports en commun, la communauté d'agglomération a opté pour le transport à la demande en hiver et des dessertes régulières en saison.

Aussi bien pour les acteurs publics que privés, la gestion des ressources humaines est un problème central, pour faire face à la charge de travail supplémentaire en saison. Tous ont recours au travail saisonnier, des campings aux services techniques municipaux. Des circuits spécifiques de recrutement existent, mobilisant des agences de travail temporaire, mais également des réseaux professionnels spécialisés, comme ceux des pharmaciens. Certaines périodes sont particulièrement compliquées, notamment l'intersaison où la jonction est difficile. La saisonnalité a en outre un impact sur l'activité des personnels permanents, avec une gestion annualisée du temps de travail, que ce soit dans la police municipale ou chez les professionnels du tourisme conservant une activité à l'année.

UNE GESTION MUNICIPALE PRISE PAR LA SAISONNALITÉ

La gestion de la municipalité et l'action publique locale sont particulièrement marquées par la saisonnalité, dans un contexte où la fréquentation touristique est à la fois un défi à relever et un objectif à atteindre pour les pouvoir publics : d'un côté, elle induit une activité supplémentaire qu'il faut organiser ; de l'autre, la bonne gestion des services publics peut se concevoir comme une composante de l'attractivité du territoire vis-à-vis des touristes. La conception des équipements, des services ou encore des espaces urbains en tient compte : ils sont souvent dimensionnés au plus haut. La station d'épuration ou encore le parc de véhicules pour le nettoyage des voiries sont indexés sur le pic de population en juillet et août : « Si ça passe pour le jour de pointe, ça devrait aller le reste de l'année », nous explique un ingénieur s'occupant des réseaux d'eau potable. Le même raisonnement est adopté pour les voiries, le stationnement ou les équipements publics. Le parc de logements est également dimensionné sur la haute saison. Dans des communes voisines, certaines opérations publiques d'aménagement public intègrent même une part de résidences secondaires dans leur programmation.

La gestion temporelle des politiques publiques et des projets de tous types est rythmée par la saison touristique. À titre d'exemple, les travaux courants d'entretien ou d'aménagement de voiries sont proscrits entre les mois de juin et de septembre pour éviter de gêner les touristes l'été. La livraison des gros projets, comme le réaménagement du port de Marseillan-Ville en 2019, est également calée sur le démarrage de la saison, de même que la passation de certains marchés publics, pour la surveillance des plages ou encore pour les opérations de dragage de sable dans le port. Les élus et les services techniques de la collectivité, en particulier le personnel d'encadrement, sont mobilisés au moins autant pour la préparation de la saison que pour sa gestion courante: réparation des voiries, préparation des accès à la plage et des postes de secours, etc. Des réunions sont organisées chaque année avant le démarrage de la saison entre les élus et les commerçants pour anticiper les problèmes, de la signalétique routière au stationnement, en passant par l'occupation de l'espace public ou les annonces publicitaires. Les formes d'intervention publique sont différentes en pleine saison, où il s'agit davantage d'assurer la continuité des services et de réguler au quotidien le fonctionnement des activités touristiques: contrôle des ventes ambulantes de beignets sur la plage, régulation des nuisances sonores, verbalisation des camping-cars ventouses, etc.

Enfin, la structure spatiale bicéphale de la commune a des incidences sur la gestion urbaine au quotidien. Il est nécessaire de dédoubler certains services publics entre les deux centralités. L'été, la police municipale se doit d'avoir en permanence une patrouille à Marseillan-Plage aussi bien qu'à Marseillan-Ville. Une antenne des services techniques a été créée à Marseillan-Plage, avec une équipe à l'année pour assurer l'entretien de la station, des espaces verts, les petits travaux de voirie et le nettoyage. La bicéphalité pose aussi des problèmes de liaisons physiques entre les deux pôles, distants de plusieurs kilomètres. Des expérimentations (vélos en libre-service, navettes fluviales) sont testées pour offrir une alternative à la voiture.

UNE ADAPTATION À LA SAISONNALITÉ PARFOIS COMPLIQUÉE

La gestion saisonnière des activités n'est pas toujours simple, ni même possible. Certains services peinent à trouver un équilibre à l'année, faute d'une population suffisante hors saison pour maintenir une activité. À Marseillan-Plage, l'unique médecin n'avait pas été remplacé après son départ à la retraite au moment de notre enquête. Pour pallier son absence, un système de permanences avec des vacataires avait été organisé, limité à la très haute saison touristique (juillet-août). D'autres services ont progressivement fermé dans la station, à l'image de la Poste ou de la station-service. Pour certaines activités, l'adaptation saisonnière des effectifs est structurellement impossible, comme pour la police municipale qui n'a pas l'autorisation de recruter des policiers saisonniers supplémentaires[10] alors que les besoins sont pourtant croissants. Pour les infrastructures de transport, et notamment le réseau routier, les phénomènes de saturation ou d'engorgement sont difficiles à éviter, à l'instar de la route du Lido reliant Marseillan à Sète. Les économies d'échelle dues à l'augmentation de la population ne sont pas systématiques: l'eau potable, relativement peu chère pour les besoins de la population hors saison, est beaucoup plus chère concernant les besoins supplémentaires en haute saison. Cela s'explique par le fait qu'elle provient alors d'une lointaine source

d'appoint extérieure au territoire du syndicat intercommunal qui assure la production et l'adduction d'eau potable.

Une autre difficulté significative que pose la saisonnalité vient des incertitudes qui l'accompagnent, que ce soit en matière d'occupation réelle des résidences secondaires ou de fréquentation des plages. Le début et la fin de la saison sont devenus aléatoires, étalés dans le temps. Ils dépendent aussi du beau temps, avec parfois des journées très fréquentées hors saison. Hôtels, commerces et restaurants peinent à les anticiper. Cette situation pose également des problèmes à la municipalité, pour savoir quand installer et désinstaller les infrastructures touristiques, comme les structures de plage et les postes de secours, ou pour déterminer la date d'arrêt de la surveillance des plages. Les incertitudes sur les chiffres de la population estivale pèsent en outre sur la programmation des projets d'aménagement : comment dimensionner les parkings ou le réaménagement des voies d'accès aux plages lorsqu'on a du mal à avoir des données fiables sur leur fréquentation ?

De la même manière, la planification est marquée par les incertitudes sur la destination finale des constructions neuves. Il est difficile d'anticiper les besoins d'ouverture à l'urbanisation au niveau du schéma de cohérence territoriale (Scot) ou du programme local de l'habitat (PLH) alors que les collectivités ignorent la part des nouveaux logements destinés à alimenter le parc de résidences secondaires. Les outils habituels de dimensionnement des besoins, comme le « point mort[II] », apparaissent en partie inopérants dans ce type de contexte. Enfin, le tourisme et les variations démographiques qu'il induit restent marginalement pris en compte dans des domaines d'action publique connexes, et notamment à l'échelle intercommunale, comme les transports, qui en subissent pourtant les conséquences.

DES POLITIQUES URBAINES SOUS LE SIGNE DE L'INVESTISSEMENT TOURISTIQUE

Marseillan-Plage pourrait être assimilée à un espace économique à part, à la fois intégré au tissu urbain mais concentrant les infrastructures productives du tourisme. La «station» est ainsi présentée comme un lieu d'investissements: la présence de plusieurs grands groupes (Les Odalys, Capfun, etc.) témoigne du branchement de Marseillan à une économie du tourisme de plus en plus mondialisée[12]. Cependant, plusieurs gros entrepreneurs du tourisme sont locaux, comme ce patron de campings, formé en école de commerce, qui a hérité du camping de son père et racheté deux autres campings vieillissants pour les réaménager et augmenter leur rentabilité. Il emploie près de 200 personnes au plus fort de la saison et a monté un réseau de franchises commerciales pour les magasins en périphérie de ses campings. On trouve aussi de plus petits investisseurs, restaurateurs, hébergeurs ou commerçants. L'un a investi à la fois dans des parcs à huîtres et dans un restaurant sur le front de mer pour y développer une activité de dégustation. Un deuxième possède une partie importante des fonds de commerce de Marseillan-Plage. D'autres encore ont plusieurs maisons à Marseillan-Plage et les louent l'été: ce phénomène est largement porté par des non-professionnels du tourisme en relation avec l'essor des outils numériques de locations immobilières entre particuliers (type Airbnb).

La station est également un lieu d'investissements publics pour la commune. En témoigne sa genèse, après la Seconde Guerre mondiale, sous l'impulsion d'un maire présenté dans l'histoire locale comme visionnaire et précurseur. Celui-ci aurait senti avant l'heure l'avènement d'une société des loisirs de masse, engageant alors d'importants chantiers de viabilisation et d'équipement du front de mer. S'inscrivant dans

SIESTA
ESTAURANT
AURANT GLACIER
FUN SHOP

cette lignée, le maire a débuté depuis son premier mandat en 2008 de gros travaux de mise aux normes et d'amélioration de la station vieillissante. Les espaces publics (en particulier l'avenue de la Méditerranée, principale voie d'accès à la mer et axe commercial, ainsi que le front de mer) ont été restructurés, et d'autres devraient l'être également pendant la mandature en cours (2020-2026), avec le réaménagement de l'avenue qui dessert la majorité des campings. Les travaux ont été payés en grande partie par la vente des campings et des bungalows de vacances municipaux. La municipalité attend également un retour, notamment sur le plan fiscal (taxes de séjour, etc.), de ces investissements très importants pour une ville de cette taille et dans un secteur qui compte peu d'électeurs.

Plus largement, une grande partie des politiques urbaines et des projets publics est orientée par le tourisme : l'action de la municipalité dans sa globalité peut s'apparenter à une stratégie politique de long terme de développement touristique de Marseillan, comme un moyen de dynamiser l'économie et l'emploi dans un territoire caractérisé par la faiblesse de l'industrie et par un niveau de chômage élevé. Le maire actuel se démarque fortement à cet égard de la municipalité précédente, avec une volonté affichée d'investir dans des infrastructures touristiques délaissées pendant une longue période. L'aménagement de l'avenue de la Méditerranée l'illustre bien : il est souvent présenté comme un moyen de renforcer la place de Marseillan par rapport aux stations balnéaires concurrentes du Languedoc en dynamisant l'activité locale. Cette logique se retrouve dans d'autres projets, que ce soit le réaménagement du port de Marseillan-Ville ou la mise en valeur de l'embouchure du canal du Midi à la pointe des Onglous. Des mesures relevant de la gestion urbaine — telles que l'extension temporelle de la surveillance des plages — peuvent également s'interpréter comme un moyen de renforcer l'offre touristique hors saison à destination de touristes retraités et plus aisés. À travers ce type d'initiatives, il s'agit parallèlement pour la commune d'inciter les acteurs de la filière touristique à maintenir leur activité pendant les «ailes de la saison», ce qui répond à une demande des touristes comme des habitants à l'année.

LES COMPROMIS SOCIOPOLITIQUES DE L'ACTION PUBLIQUE URBAINE EN SITUATION TOURISTIQUE

La situation touristique de la commune conditionne en partie les compromis sociopolitiques qui sous-tendent l'action publique. Si l'amélioration des espaces publics rencontre peu d'oppositions, d'autres projets font parfois l'objet d'un grand écart entre les attentes des touristes et celles des habitants permanents. Dans les opérations d'aménagement, la programmation d'une part de logements destinés à devenir des résidences secondaires apparaît par exemple difficile à justifier localement dans un contexte de crise du logement[13]. Les programmes d'action publique et les projets cherchent ainsi à combiner les intérêts divers et croisés des touristes, des acteurs du tourisme et des populations. L'acceptabilité d'aménagements très coûteux à destination des touristes repose sur l'idée qu'ils contribueront aussi bien à la création d'emplois qu'à valoriser les investissements privés des habitants à l'année, qu'il s'agisse des commerces ou des résidences secondaires. Une autre clé de l'adhésion des populations permanentes aux aménagements touristiques vient de ce qu'elles profitent ainsi de services (surveillance des plages, commerces et restaurants, liaisons douces, etc.) qui n'existeraient pas si la population communale plafonnait toute l'année à 8000 habitants.

Le Bûcheron
AGDE
BROYAGE - ELAGAGE
ENTRETIEN
CS-428-KE

La municipalité est également confrontée à la nécessité de préserver les équilibres territoriaux internes à la commune. Ainsi, les projets d'aménagement ont été répartis dans l'espace et dans le temps par l'équipe municipale : avec tout d'abord l'opération de l'avenue de la Méditerranée à Marseillan-Plage pendant la première mandature, puis celle du port de Marseillan-Ville pendant la deuxième, et enfin celle de l'avenue des Campings, affichée comme une priorité de la troisième. La présence dans l'équipe municipale d'un adjoint délégué à Marseillan-Plage s'inscrit dans le même registre. L'action publique est en outre traversée par la nécessité de pondérer les attentes des habitants permanents originaires de Marseillan et celles des habitants permanents ou semi-permanents arrivés plus récemment, et dont le poids électoral est devenu significatif. Les premiers se disent souvent déstabilisés par les évolutions démographiques très rapides qui ont transformé le profil de leur commune en quelques décennies seulement, tandis que les seconds expriment parfois le sentiment de ne pas être les bienvenus et de devoir batailler pour trouver leur place dans leur nouveau lieu de vie. Dans cette situation, la politique municipale active de soutien aux associations ainsi que la mise en place des conseils de quartier sont présentées comme des vecteurs favorisant l'intégration des « nouveaux Marseillanais ».

Au-delà des projets structurants, les compromis sociopolitiques s'opèrent surtout dans la gestion quotidienne de la ville par les élus et le personnel municipal. Des formes de régulation du tourisme se mettent en place avec les acteurs économiques, autour de « coalitions de croissance » très localisées. Les réunions organisées entre l'équipe municipale et les acteurs de la filière touristique pour préparer la saison estivale illustrent ce phénomène. Au-delà des solutions techniques visant à anticiper les problèmes et à assurer le bon déroulement de la saison, elles contribuent plus largement à réactualiser les compromis articulant les intérêts des acteurs économiques et les objectifs poursuivis par la commune en matière d'animation et de régulation de la vie locale. Comment accroître l'offre de stationnement sans qu'elle ne soit accaparée par des touristes qui ne consommeraient pas dans la station ? Comment renforcer la visibilité de certains commerces tout en évitant une signalétique illisible et une pollution visuelle ? Cette forme de cogestion de la saison touristique avec les acteurs de la filière et les commerçants inclut des négociations à portée hautement stratégique pour le développement du territoire — par exemple lorsque le maire cherche à les convaincre de retarder la fermeture de leurs établissements à la fin de la saison estivale.

La régulation des attentes des habitants à l'année passe beaucoup, elle aussi, par la gestion quotidienne de proximité, à travers des structures formalisées comme les comités de quartier, par les relais que constituent les associations ou par des contacts directs avec les habitants permanents. Par exemple, les microprojets de réfection de voirie permettent aux élus de montrer que la municipalité intervient dans tous les quartiers. Mais tous ces arrangements sont finalement complexes à construire et s'opèrent essentiellement à l'échelle communale, peut-être au détriment d'autres formes de compromis sociopolitiques à des échelles supracommunales.

NOTES DE FIN DE CHAPITRE

7 Le secteur de Marseillan-Plage, où 8 logements sur 10 sont des résidences secondaires (et majoritairement des appartements), concentre à lui seul 75 % des résidences secondaires implantées dans la commune.

8 L'ampleur des variations démographiques est difficile à mesurer avec exactitude. Plusieurs recherches soulignent ainsi les limites des mesures statistiques habituelles de l'Insee (basées sur les déclarations de résidences principales) pour qualifier la démographie des villes touristiques. La population réellement présente sur le territoire agrège en réalité des catégories très diverses et difficiles à quantifier, comme en témoigne le cas des excursionnistes à la journée ou celui des personnes accueillies pour les vacances dans leur famille ou chez des amis. Voir Christophe Terrier, « Distinguer la population présente de la population résidente », *Courrier des statistiques*, n° 128, 2009, p. 63-70 ; Laurent Davezies, « Les moteurs du développement de la zone de La Rochelle et de ses territoires », Dreal Poitou-Charentes, 2008 ; Caroline Blondy, Luc Vacher et Didier Vye, « L'apport de la notion de population présente dans l'analyse du peuplement littoral », *Espace, populations sociétés*, n°s 1-2, 2013, p. 95-110.

9 L'histoire des Mougères se confond ainsi en partie avec l'action menée par une association d'habitants auprès de la commune afin de rendre les logements et le quartier habitables à l'année : « Ce quartier, au début, n'était pas constructible. Ce n'était que des lieux de fréquentation estivale, des caravanes. Petit à petit, les autorisations de construire ont été données, parfois de manière un peu difficile pour certaines. La zone est devenue constructible. Il n'y avait donc au départ que des résidences secondaires. On avait plaisir à se retrouver l'été, c'était un moment de convivialité. Il n'y avait pas grand monde, il y avait une centaine de maisons. L'association s'est créée pour favoriser le développement de tout ce qui est collectif : réseaux électriques, réseaux d'eau (il n'y avait pas de réseau d'eau). Ensuite, un peu plus tard, c'étaient les réseaux d'assainissement parce que les magnifiques fosses septiques, cela va un temps et surtout pas l'été. » (Entretien avec un responsable associatif, juillet 2019.)

10 Il est possible de recruter de manière temporaire des agents supplémentaires qui peuvent verbaliser certaines infractions mais n'ont pas les mêmes droits que les policiers municipaux.

11 Le « point mort » caractérise les besoins minimaux en création de nouveaux logements pour le maintien sur place de la population d'une commune : ce calcul ne tient généralement compte que de la population permanente.

12 À ce sujet, voir Bernard Debarbieux, Cristina Del Biaggio et Mathieu Petite, « Spatialités et territorialités du tourisme : dialectique du flux et de l'ancrage dans les Alpes », *Civilisations*, n° 57, 2008, p. 75-89.

13 Une analyse comparative montrerait probablement que le cas marseillanais n'est pas exceptionnel et que la question des résidences secondaires est un point de tension fréquent de la programmation du logement dans les opérations d'aménagement littoral.

TENSIONS ET EFFETS PERVERS DU TOURISME

La commune de Marseillan peut donc offrir un niveau d'équipements et de services à la population inaccessible pour une petite ville ordinaire. Mais le tourisme est aussi à la source de conflits et d'effets induits[14] parfois problématiques, auxquels les acteurs sont confrontés sans toujours trouver de solutions pleinement satisfaisantes. Notre recherche met en évidence ces tensions et points durs de l'action publique locale, et montre comment les acteurs tentent d'y répondre.

HÉTÉROGÉNÉITÉ SOCIODÉMOGRAPHIQUE ET FRAGMENTATION SOCIALE

Derrière la dichotomie apparente entre touristes et habitants permanents à l'année se cache une hétérogénéité des populations présentes, avec un continuum de situations très variées. Cette diversité s'explique par le pouvoir d'attraction que le territoire exerce depuis plusieurs décennies auprès d'une partie de la clientèle touristique. Le caractère familial de la station balnéaire a ainsi conduit à ce que certains touristes développent une forme d'attachement au territoire au point d'y revenir chaque été — cette fidélité se transmettant parfois d'une génération à l'autre. Chez une partie des touristes, l'attachement au territoire s'est aussi traduit par l'acquisition d'une résidence secondaire. Celle-ci peut ensuite devenir le lieu d'un ancrage permanent quand un ménage décide de s'y établir définitivement au moment de la retraite ou lorsque la charge relative à l'entretien de deux logements devient trop lourde. De fait, une partie des habitants installés aujourd'hui à Marseillan ont connu un processus d'ancrage territorial par étapes successives (premières vacances, achat d'une résidence secondaire, densification voire mutation de celle-ci en résidence principale[15]); ce type de trajectoires vient brouiller la distinction communément admise entre touristes et habitants permanents.

Tout indique cependant que cette dichotomie reste bien ancrée dans les mentalités locales, et notamment dans le regard porté par les habitants sur l'attractivité touristique de Marseillan. L'enquête de terrain a permis de mettre en évidence un paradoxe fondamental à ce sujet. D'un côté, la perception des désagréments occasionnés par la présence de touristes l'été constitue de toute évidence une expérience partagée localement par l'ensemble de la population. La congestion routière, les problèmes de stationnement ou l'impact sur les commerces alimentaires (absence de certains articles en rayon, files d'attente à la caisse) sont régulièrement mentionnés parmi les gênes ressenties par les Marseillanais dans leur vie quotidienne l'été, certains interlocuteurs allant jusqu'à associer cette saison à un « sentiment d'invasion ». De l'autre côté, l'idée d'un tourisme indispensable au développement du territoire fait visiblement l'objet d'un large accord au sein de la population. Ce consensus s'interprète comme le reflet de l'héritage historique de la commune, le développement de Marseillan étant indissociable de l'aménagement du littoral languedocien mis en œuvre après-guerre pour accueillir le tourisme de masse. Il manifeste aussi l'adhésion d'une grande partie des habitants et des acteurs économiques de la commune à la politique de développement et d'aménagement touristique mise en œuvre ces dix dernières années par la municipalité actuelle (voir p. 35).

À la différence de ce rapport ambivalent entretenu avec le tourisme, l'attractivité résidentielle suscite des positions nettement plus tranchées au sein de la population locale. La croissance démographique des années 1980-2000, période pendant laquelle la population permanente de Marseillan a presque doublé, n'a pas été sans conséquences sur la structure sociodémographique de la commune. Les flux de populations enregistrés ces dernières années en donnent une illustration: les retraités sont surreprésentés parmi les ménages qui s'installent à Marseillan; a contrario, les ouvriers et les employés sont surreprésentés parmi les ménages à avoir quitté la commune pendant cette même période [FIGURE 4]. Cette évolution a également eu un impact sur la vie locale et sur la manière dont chacun se positionne par rapport aux autres habitants. Pour certains, elle constitue même un changement d'ère, marqué par l'effacement progressif de ce qu'ils qualifient d'«identité de village», où tout le monde se connaît et où chacun se vit comme appartenant à une «grande famille». Cette évolution se ferait au profit de la «mentalité de la ville», caractérisée par une moindre interconnaissance et par l'affirmation d'une plus grande indépendance de chacun vis-à-vis de la communauté[16]. Ce sentiment de perte d'identité engendre des crispations pouvant prendre des formes diverses. Il explique en partie la réticence de certains «anciens» à participer aux événements festifs organisés par la commune quand ceux-ci impliquent désormais une contribution financière des participants ou qu'ils les exposent à devoir côtoyer des non-natifs. Il alimente aussi chez une partie de la population un rejet de la construction de logements neufs, qu'il s'agisse de la densification des zones pavillonnaires situées entre Marseillan-Ville et Marseillan-Plage ou des opérations immobilières programmées dans Marseillan-Ville.

Ces crispations émanent en premier lieu des habitants ayant grandi dans la commune, que certains désignent sous l'appellation de «vrais Marseillanais» (par opposition aux habitants permanents non originaires de Marseillan) et dont le poids démographique diminue. On y trouve notamment des personnes qui se sont exilées de Marseillan pendant l'essentiel de leur vie professionnelle et qui, revenues s'y installer au moment du passage à la retraite, se trouvent confrontées à

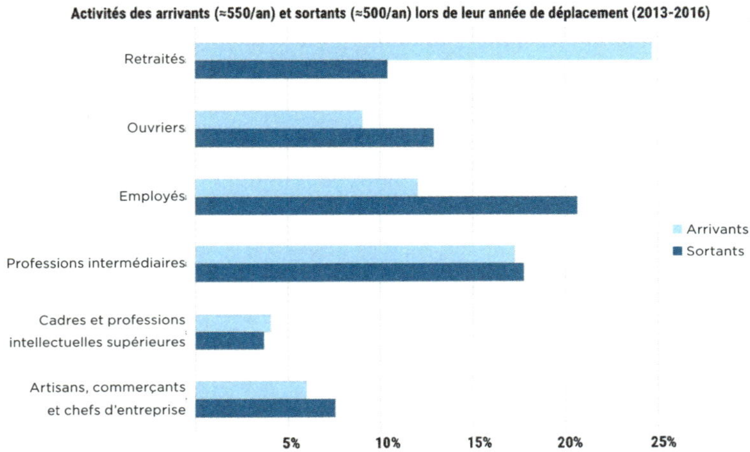

FIGURE 4
Comparaison entre la population entrante et la population sortante des habitants à l'année sur le territoire communal entre 2013 et 2016

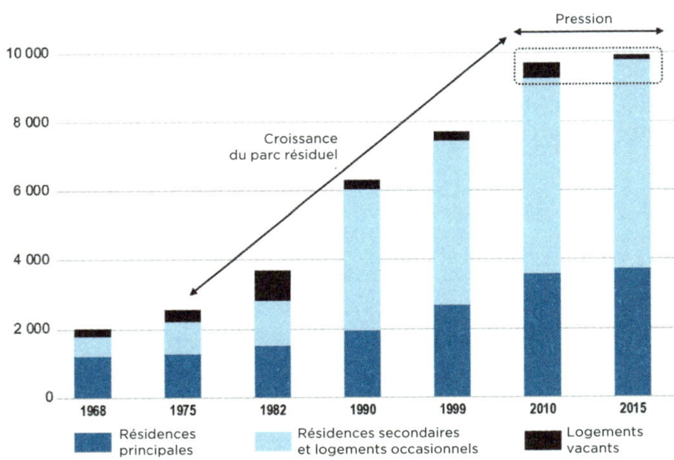

FIGURE 5
Évolution de la structure du parc de logements à Marseillan entre 1968 et 2015
Cette évolution met en évidence l'explosion de la part des résidences secondaires dans le parc immobilier pendant les années 1980 et sa croissance ininterrompue jusqu'à aujourd'hui.

la présence de «nouveaux Marseillanais» établis entre-temps[17]. Mais les crispations suscitées par l'attractivité résidentielle se manifestent également chez une partie de ces «nouveaux Marseillanais», comme si leur intégration était à ce prix ou que leur choix résidentiel exprimait avant tout une aspiration à l'entre-soi[18]. Il n'est ainsi pas rare que ces habitants — majoritairement retraités et disposant souvent d'un fort pouvoir d'achat — joignent pour une partie d'entre eux leurs voix à la dénonciation des opérations de logement programmées sur la commune ainsi qu'aux discours stigmatisant les profils suspectés de vouloir s'installer à Marseillan (bénéficiaires du RSA, familles habitant les cités de Montpellier ou de Béziers). Cette crainte s'exprime tout particulièrement en réaction au discours justifiant la nécessité de construire des logements sociaux: «Je pense que ce discours-là a été entendu aujourd'hui par les maires; pour autant la population a toujours l'impression qu'un logement social, pour rester dans les stéréotypes, c'est La Paillade, le quartier HLM de Montpellier, qui va débarquer dans la commune[19].»

L'HÉGÉMONIE D'UN MODÈLE TOURISTIQUE DE DÉVELOPPEMENT ÉCONOMIQUE

On observe un consensus d'une part sur les bienfaits du tourisme (sur le plan économique, sur les apports pour la commune en termes d'équipements et d'activités, etc.), et d'autre part sur les aspects positifs de sa progressive «montée en gamme» vers un tourisme moins populaire (les uns évoquent des dégradations moindres du mobilier urbain, d'autres soulignent l'étalement de la saison, etc.). Cette position dominante est partagée par les représentants de la commune (élus et techniciens), par les acteurs du tourisme, et de manière plus étonnante par les habitants à l'année, qui disent finalement s'accommoder des désagréments liés au tourisme. Or, cette unanimité de surface cache des tensions parfois très vives entre les acteurs du secteur touristique, mais aussi avec ceux des autres filières économiques implantées dans le territoire.

À Marseillan-Ville comme à Marseillan-Plage, la montée en gamme de l'offre touristique ne s'opère pas sans tensions, notamment vis-à-vis des commerces. L'évolution de l'offre d'hébergement illustre bien ce processus. De nombreux campings «familiaux» ont récemment été rachetés et transformés en campings dits «clubs». Ils attirent désormais une clientèle plus aisée et proposent une multitude de services à l'intérieur de leur enceinte. D'autres leur reprochent de tout faire pour «garder leur clientèle chez eux»: alors que la génération précédente de campings fonctionnait en complémentarité avec les commerces de Marseillan-Plage (plusieurs campings municipaux qui n'offraient aucun service en interne ne pouvaient fonctionner que grâce à une offre diversifiée de services[20]), leur transformation en format *all inclusive* est perçue par certains commerçants comme une menace pour la fréquentation de leurs établissements.

Cette évolution concerne davantage Marseillan-Plage que Marseillan-Ville, où l'on ne trouve aucun hébergement de plein air. Toutefois, le projet d'un complexe immobilier de *resort* touristique, baptisé «Lux La Baraquette», tend à provoquer des craintes similaires chez une partie des habitants et des commerçants. Ce complexe de six hectares, en cours de construction, situé sur un point culminant de la ville en bord d'étang et bénéficiant d'une vue particulièrement avantageuse, prévoit dans son enceinte 250 chambres d'hôtel, 34 villas avec piscines et 150 appartements avec commerces, restaurants, terrains de tennis, spa, etc. Si les commerçants de Marseillan-Ville sont majoritairement ouverts toute l'année et semblent moins dépendants de la fréquentation touristique que dans la station balnéaire, ce projet important pour la taille de la commune laisse perplexes certains habitants et acteurs économiques locaux.

Les représentants des autres activités économiques perçoivent la vocation touristique de Marseillan à la fois comme une source de dynamisme et comme une source de nuisances. D'un côté, l'attractivité touristique de Marseillan multiplie les opportunités pour les producteurs locaux; de l'autre, elle engendre des inconvénients. Pour le secteur de la conchyliculture, emblématique du territoire, la fréquentation touristique du bassin de Thau permet ainsi des débouchés supplémentaires pour la vente au mas, mais elle provoque également une pollution du bassin qui nuit à la production. Selon un représentant du comité régional de la conchyliculture de la Méditerranée, les usages touristiques du bassin de Thau entrent en conflit avec les activités ostréicoles, à l'instar des bateaux de plaisance qui ne respectent pas les règles en déversant dans la nature leurs eaux usées ou des peintures antifouling[21] qui polluent l'étang. La volonté des pouvoirs publics de réduire la pollution dans l'étang (à la demande notamment des promoteurs locaux du «tourisme vert») engendre également des conséquences problématiques pour la profession: les orientations mises en œuvre ces dernières années pour améliorer la qualité de l'eau ont eu pour effet d'appauvrir sa teneur en matières organiques (phosphate, azote) pourtant indispensables à la croissance des coquillages. De la même manière, l'industrie navale, qui a besoin de s'implanter sur le littoral, souffre de la pression foncière exercée par le tourisme et les dynamiques d'urbanisation. Les conflits d'usage entre les touristes, aspirant au calme, et les activités parfois bruyantes des entreprises de construction navale poussent ces dernières à délocaliser leurs chantiers dans des secteurs non touristiques, le plus souvent dans l'arrière-pays.

L'URBANISATION SOUS PRESSION

L'attractivité résidentielle de Marseillan, qui pour une large part est une résultante de son attractivité touristique, engendre des besoins fonciers et immobiliers de plus en plus importants (habitants, touristes, investisseurs immobiliers, entreprises, etc.). Or les restrictions sur l'ouverture à l'urbanisation nouvelle n'ont cessé d'augmenter au cours des vingt dernières années, en relation avec la réglementation relative à la protection des espaces naturels et à la prévention contre les risques. En particulier, le plan de prévention des risques d'inondation (PPRI) adopté en 2012 a entraîné le classement en zone inconstructible de la totalité du territoire de Marseillan-Plage ainsi que des pourtours de l'étang de Thau et de certains secteurs de Marseillan-Ville.

Il en résulte une situation de concurrence accrue entre des acteurs aux intérêts divergents qui se disputent l'accès au territoire. Plusieurs dynamiques en témoignent. L'attractivité de Marseillan se traduit ainsi par une pression croissante sur l'urbanisation en renouvellement urbain — accompagnée de contestations à l'encontre des projets de la commune comme les nouvelles zones d'aménagement concerté (ZAC) ou l'opération immobilière à proximité du port de Marseillan-Ville — ainsi que par la densification en diffus. Elle engendre parallèlement des tensions sur les marchés de l'habitat, qui s'exercent au détriment des locaux, et plus particulièrement des jeunes ménages et des primo-accédants. Ces tensions, qui tiennent également à la situation littorale de Marseillan, sont liées à la très forte pression qui s'exerce sur les loyers et sur les prix fonciers **[FIGURE 5]**.

Mis en compétition avec une clientèle de touristes ou d'investisseurs généralement âgée de plus de 60 ans, à fort pouvoir d'achat et dotée d'un apport issu de la vente d'un bien immobilier[22], les jeunes adultes qui souhaitent s'implanter sont généralement dans l'incapacité d'acheter un terrain constructible à Marseillan. La plupart s'installent dans l'arrière-pays, dans des communes telles que Bessan, Florensac ou Pomérols, où les prix peuvent être divisés par deux — à plus de dix kilomètres du littoral. La cabanisation peut aussi constituer une alternative pour des Marseillanais qui souhaitent demeurer dans la commune en dépit de ressources insuffisantes pour accéder au logement au prix du marché et du déficit de logements sociaux: «On arrive à des situations où certaines catégories de la population peuvent franchir le cap et aller sur des secteurs qui sont totalement inconstructibles. Ce ne sont pas forcément des situations qui sont choisies, [ce sont] parfois des situations subies par des populations qui n'ont pas d'autre choix que de venir là, parce que l'on est sur des territoires en manque de logements sociaux[23].» Les secteurs des Onglous et de Maldormir sont emblématiques de cette forme d'urbanisation fondée sur l'autoconstruction illégale d'habitations sur des terrains classés en zone naturelle et qui débouche dans un certain nombre de cas sur des situations de mal-logement.

Les difficultés rencontrées par une partie de la population de Marseillan pour se loger renvoient à un contexte social qui excède le cadre du logement. Elles participent d'une paupérisation qui, à l'exception de la métropole montpelliéraine, touche l'ensemble des communes du département et produit un tableau très contrasté. Dans un contexte territorial marqué par l'importance du chômage des jeunes et la surreprésentation de bénéficiaires des minima sociaux, l'augmentation des loyers et des prix immobiliers liée à l'arrivée de populations âgées à fort pouvoir d'achat vient creuser les inégalités[24]. Les actifs ne sont cependant en rien épargnés par ce problème du logement. Il affecte les déplacements domicile-travail, le choix de se loger dans une commune de l'arrière-pays se traduisant par un allongement des navettes quotidiennes pour les personnes travaillant à Marseillan. Les parcours résidentiels sont contraints. Le modèle de développement local centré sur le tourisme estival et la prédominance des emplois saisonniers dans les offres disponibles conduisent une part importante des jeunes à alterner des périodes de travail et des périodes de chômage[25]. Cette précarité au regard de l'emploi constitue de facto un handicap quand les personnes concernées se trouvent en concurrence pour l'accès à un logement dans le parc privé. Conjuguée à des niveaux de rémunération relativement bas, c'est immanquablement un frein à l'obtention d'un crédit bancaire dans le cas des candidats à l'accession à la propriété.

Effets pervers du tourisme sur l'environnement

De nombreux dispositifs de protection témoignent du caractère précieux et remarquable des espaces naturels marseillanais (zones naturelles d'intérêt écologique, faunistique et floristique, zones importantes pour la conservation des oiseaux, sites classés, zone Natura 2000, etc.). Or notre recherche souligne la diversité et l'enchevêtrement des problèmes environnementaux. Ils ne se résument pas au recul du trait de côte et aux risques de submersion marine: le manque d'eau, l'ensablement, l'eutrophisation de l'étang, etc. marquent la déstabilisation générale d'un système écologique complexe. Le tourisme participe à la dégradation du cadre qui a fait son succès. Qu'il s'agisse de surfréquentations de sites fragiles (les plages, les réserves naturelles, l'étang de Thau) ou d'aménagements surdimensionnés, la vocation touristique de Marseillan a un impact non négligeable sur l'environnement.

Les acteurs locaux, élus et techniciens communaux comme représentants de l'État déconcentré sont conscients qu'un équilibre est à trouver pour protéger l'environnement. La fréquentation de certains sites fragiles est en partie régulée; cela passe par le dimensionnement réduit des places de parking en fonction du nombre de visiteurs souhaités, la restriction de l'accès aux guides, ou encore l'interdiction des événements sportifs. Des investissements très lourds ont été réalisés ces dernières années afin de protéger les espaces menacés comme le Lido, bande sableuse entre mer et étang reliant Marseillan à Sète, mise à mal par la pression touristique. D'autres ont été réalisés pour adapter les réseaux à la fréquentation estivale et limiter ainsi les problèmes de pollution.

Des améliorations sont aujourd'hui notables. L'écosystème reste néanmoins sous tension malgré ces investissements, comme en témoignent les menaces pesant sur les activités conchylicoles du bassin de Thau. La gestion des déchets est également un sujet problématique, qu'il s'agisse des difficultés à instaurer des pratiques de tri ou des dépôts sauvages d'ordures plus importants en haute saison. Certains acteurs de la collectivité déplorent que les hébergeurs de plein air ne soient pas encore suffisamment mobilisés sur ces questions. Plus globalement, les acteurs locaux n'envisagent pas de limiter drastiquement la démographie touristique et ne remettent pas fondamentalement en question le modèle actuel de développement du territoire fondé essentiellement sur le tourisme. Ils plaident plutôt pour une possible réorientation vers un tourisme «de qualité», hypothétique voie médiane entre tourisme et environnement, dont on voit pourtant mal comment elle pourrait réduire la pression touristique alors que les capacités d'hébergement restent les mêmes[26]. Enfin, le tourisme n'est pas la cause unique de ces problèmes environnementaux: l'urbanisation croissante depuis vingt ans et les autres activités économiques y tiennent une part importante. Dans ce contexte, la pression sur les ressources naturelles est forte et semble difficile à réduire.

NOTES DE FIN DE CHAPITRE

14 Au sens de conséquences non anticipées et non désirées de l'agrégation des comportements individuels des acteurs. Dans certains cas, les effets induits peuvent prendre la forme d'effets pervers allant à l'encontre des objectifs initiaux de l'action collective (voir Raymond Boudon, *Effets pervers et ordre social*, Paris, PUF, 1977).

15 Telle est la trajectoire esquissée par un élu de la commune au sujet de certains résidents de Marseillan-Plage : « Cela fait quarante ou cinquante ans qu'ils viennent à Marseillan-Plage ; ils venaient en vacances quand ils étaient petits, avec les parents, et puis ils sont venus avec leurs enfants. Ils ont acheté une résidence secondaire, ils venaient régulièrement, et maintenant ils vivent là. Au fur et à mesure, la retraite approchant, ils ont investi dans leur habitation, et voilà. » (Entretien avec un élu municipal de Marseillan, juillet 2019.)

16 « On peut dire que les mentalités ont changé. C'est-à-dire qu'on a perdu un peu… Un petit village de 4 000 habitants et, tout à coup, ça a été difficile parce qu'il est arrivé une population très variée. Souvent c'étaient des gens qui arrivaient de la grande ville, ils étaient plus indépendants. Alors eux, ils trouvent que nous on était un petit peu fermés. Et nous, on ne retrouvait plus, tout à coup, cette familiarité qu'on avait. Toutes les familles se connaissaient avant. Moi, je vois, quand j'avais 20 ans, tous mes amis, mes parents connaissaient tous les parents de mes amis. C'était familial et on a perdu un petit peu ça. » (Entretien avec un habitant de Marseillan, juillet 2019.)

17 Une personne ayant connu cette trajectoire type a ainsi été mentionnée lors d'un entretien comme « très investie dans la défense des "vrais Marseillanais" ».

18 Majoritairement issus de territoires hors Occitanie, les néo-Marseillanais comptent une forte proportion de ménages venus de la région parisienne ou d'une grande agglomération.

19 Entretien dans le cadre intercommunal. Une partie des habitants relie plus ou moins explicitement la construction de logements sociaux à l'installation de populations issues de l'immigration maghrébine.

20 La propension des campings à internaliser des fonctions commerciales en leur sein fait écho aux évolutions générales des établissements d'hébergement de plein air depuis les années 2000: les campings populaires proposant des emplacements nus pour des tentes ont progressivement laissé la place à des établissements avec des constructions en dur (bungalows, commerces, équipements) et des emplacements pour camping-cars.

21 Peintures particulièrement polluantes destinées à empêcher les organismes aquatiques de se fixer sur la coque des bateaux.

22 Le montant de l'apport personnel s'avère d'autant plus important dans le cas de ces populations qu'elles proviennent bien souvent de secteurs où les prix immobiliers sont élevés (région parisienne, métropole régionale).

23 Entretien cadre intercommunal. Le phénomène est important sur le littoral languedocien. Voir Anne Cadoret et Valérie Lavaud-Letilleul, «Des “cabanes” à la “cabanisation”: la face cachée de l'urbanisation sur le littoral du Languedoc-Roussillon», *Espace, populations, sociétés*, n°s 1-2, 2013.

24 La plupart des indicateurs sociaux montrent dans le cas de Marseillan une situation dégradée par rapport aux moyennes départementales ou régionales, qui elles-mêmes rendent compte d'une paupérisation de la population par rapport à la moyenne nationale.

25 La précarité au regard du travail et de l'emploi touche plus particulièrement les femmes, proportionnellement beaucoup plus nombreuses que les hommes à travailler à temps partiel (l'écart étant sensiblement plus marqué à Marseillan qu'à l'échelle du pays).

26 Dans un même ordre d'idées mais dans un contexte différent, Jacinthe Bessière *et al.* soulignent les limites d'une diversification touristique basée sur la ressource patrimoniale naturelle. Voir Jacinthe Bessière, Sylvie Clarimont et Vincent Vlès, «La ressource patrimoniale, outil de diversification touristique? Le pôle d'excellence rurale du Néouvielle, entre innovation et recyclage», *Natures, sciences, sociétés*, vol. 24, n° 3, 2016, p. 217-229.

CONCLUSION

UNE DÉPENDANCE[27] TRÈS FORTE AU TOURISME

Marseillan est une ville organisée autour du tourisme et de ses temporalités. Nous avons décrit les enjeux des acteurs à ce sujet, leurs rationalités, les problèmes qu'ils rencontrent, ainsi que la manière dont ils agissent — en particulier la manière dont les acteurs publics aménagent, gèrent et gouvernent la ville. Mais, à bien des égards, la situation marseillanaise n'a rien d'exceptionnel et présente des similitudes avec de nombreuses stations balnéaires de France et d'ailleurs[28]. Elle interroge plus globalement les possibilités d'évolution de petites communes du littoral qui semblent fermement engagées dans des sentiers de dépendance très forte au tourisme. On peine aujourd'hui à voir comment elles pourraient s'en écarter : le tourisme imprègne toutes les dimensions de la vie locale, de l'économie aux équilibres sociodémographiques communaux en passant par les pratiques quotidiennes des habitants ou les temporalités. Cette dépendance au tourisme se reflète également dans les infrastructures matérielles, comme le parc de résidences secondaires, les aménagements des bords de mer, ou encore les réseaux techniques urbains. Il organise les activités, les commerces ou les services à la population. Les systèmes d'acteurs locaux sont largement structurés autour du tourisme et de sa gestion. L'action publique est confrontée aux contradictions dont il est porteur : elle navigue entre la volonté de promouvoir un tourisme dont personne ne saurait se passer et la nécessité d'accompagner ou de gérer les inconvénients qui en résultent. Les compromis sont particulièrement complexes, voire impossibles, comme en témoigne le dilemme environnemental : diminuer la pression sur les ressources naturelles sans réduire les flux touristiques semble une gageure, alors même que l'inaction pourrait bien mener, à terme, à altérer le cadre sur lequel se fonde en grande partie l'essor même du tourisme.

Dans ces conditions, comment une commune comme Marseillan, comme tant d'autres sur le littoral français, pourrait-elle envisager son avenir en dehors du tourisme ? Sans l'abandonner totalement, ne conviendrait-il pas de trouver des moyens pour réduire l'ultradépendance ? À défaut de dire si des trajectoires alternatives seraient souhaitables ou préférables — question politique —, notre travail d'enquête montre à quel point l'évolution du territoire de Marseillan, et plus largement celle des territoires littoraux français, ne peut se penser indépendamment du tourisme et de son avenir, tant son poids est déterminant dans le fonctionnement des sociétés locales et de leur économie.

ENTRE RECOMPOSITION DES INFRASTRUCTURES MATÉRIELLES ET CHANGEMENTS SOCIÉTAUX

Toute perspective de changement ou de transformation du littoral, qu'elle vienne du niveau local ou du niveau national, ne peut que tenir compte des héritages matériels et immatériels du tourisme. À Marseillan comme sur l'ensemble du littoral languedocien, se pose en particulier la question du renouvellement d'infrastructures touristiques vieillissantes, du parc de résidences secondaires aux aménagements des stations. Marseillan-Plage s'est développée en dehors du plan Racine, mais elle se distingue peu, à cet égard, de ses homologues du Cap d'Agde ou de Gruissan. Les logements construits il y a plus de quarante ans ne correspondent plus ni aux modes de vie et aux attentes des touristes, ni aux normes attendues de confort ou d'isolation. Les réaménagements récents des espaces extérieurs de Marseillan-Plage pourraient bien ne constituer qu'une première étape d'une réorganisation plus profonde que l'évolution de la station rendrait nécessaire dans les prochaines décennies. Comment accompagner ces transformations, dont on voit bien qu'elles ne concernent pas uniquement la commune mais constituent une problématique régionale voire nationale ? De grands projets en tiennent compte, comme le plan littoral 21 piloté par la région Occitanie. En Nouvelle-Aquitaine, le groupement d'intérêt public Littoral aquitain a engagé des réflexions très poussées sur toutes ces questions. De plus en plus, la question imprègne aussi les projets locaux[29]. Elle est indissociable de celle des risques liés au changement climatique, au danger de submersion marine et au recul du trait de côte, qui font aujourd'hui l'objet de débats, de rapports et d'expérimentations locales souvent intéressantes et innovantes. Mais ces dernières butent systématiquement sur le stade de l'opérationnalisation, et sur leurs conséquences sur des activités et des infrastructures touristiques que personne ne sait vraiment où et comment relocaliser, à court, moyen ou long terme. La solution climatique passerait-elle par des projets raisonnés de requalification des infrastructures touristiques ?

L'OUVERTURE SUR L'ÉCONOMIE MONDIALISÉE DU TOURISME

Au-delà des seules transformations des infrastructures, la société locale marseillanaise a été bouleversée par le tourisme en quelques décennies. L'histoire de Marseillan est marquée par l'évolution très rapide de sa population, qui, sous l'effet de la pluriattractivité du territoire, a pratiquement doublé en une vingtaine d'années. En même temps, la petite ville presque rurale s'est ouverte et branchée sur l'économie mondialisée du tourisme. Cette évolution, dont il convient de noter qu'elle est assez commune dans les villes littorales à forte vocation touristique, est centrale pour comprendre la complexité d'une communauté locale aujourd'hui plurielle et fragmentée. Cela permet ainsi d'expliquer les tensions, en particulier socioéconomiques, qui l'ont traversée et la traversent encore.

Le tourisme en a été le moteur principal et semble aujourd'hui devoir l'être encore pour des transformations à venir qui pourraient être tout aussi profondes. À la différence de la période précédente, ces mutations ne s'accompagneront pas d'une augmentation significative de la population et d'une urbanisation nouvelle. Il en va ainsi de la question du logement. Le caractère partiellement inopérant des leviers de l'action publique dans ce domaine se reflète dans les difficultés rencontrées par les collectivités pour réguler les marchés de la résidence secondaire. Les décideurs publics doivent également composer avec l'image négative du logement social, dont tout indique qu'il est davantage perçu localement comme un risque d'altération de l'identité marseillanaise que comme un vecteur d'accès au logement, au profit notamment des jeunes ménages. Cette mise en échec des instruments classiques de la politique du logement limite la capacité des pouvoirs publics à réguler des dynamiques à l'œuvre. Les conséquences sont déjà perceptibles en termes d'aménagement du territoire, à l'image des choix résidentiels contraints qui conduisent une partie de la population à s'installer dans l'arrière-pays faute d'avoir les moyens d'habiter à Marseillan.

UNE DÉMOGRAPHIE EN MOUVEMENT

Parmi les transformations « à bas bruit » en cours, mentionnons également celles de la structure démographique de Marseillan, qui se caractérise depuis plusieurs années par un vieillissement constant et marqué de la population communale. Cette évolution comporte déjà des effets sur les équipements, publics et privés, comme sur les commerces. Les habitants nouveaux, plus âgés, ont des attentes particulières en matière de services de santé, d'offre de commerces ou d'organisation des déplacements. Dans un autre registre, l'extension temporelle des ailes de la saison touristique pourrait aller de pair à l'avenir avec une occupation des logements secondaires plus longtemps dans l'année. Peut-on même imaginer que les résidences secondaires d'aujourd'hui deviennent un jour des habitations à l'année ? La physionomie de la commune s'en trouverait radicalement transformée. Toutes ces évolutions possibles, particulièrement difficiles à anticiper, doivent pouvoir être pensées, régulées et accompagnées. Les outils de la planification urbaine, en particulier, ont vocation à accorder une place centrale à ces questions[30].

MUTUALISATIONS ET INTERDÉPENDANCES TERRITORIALES À CONSTRUIRE

Parmi les pistes pour penser les orientations et les évolutions possibles, nous souhaitons finalement évoquer celle de la mutualisation, dont on voit poindre des bribes à travers nos enquêtes. Comment faire en sorte que l'usage des espaces, des services ou des équipements soit partagé entre différentes catégories de la population, notamment entre touristes et habitants à l'année, pour éviter qu'ils ne soient saturés pendant la saison touristique et sous-utilisés le reste de l'année ? Comment faire en sorte d'étaler et de lisser les utilisations dans le temps ? La programmation de certains équipements culturels de l'agglomération a ainsi été pensée sous ce prisme, afin qu'ils puissent bénéficier aux touristes l'été et aux publics scolaires hors saison. Le principe d'extension des ailes de saison s'inscrit dans une logique un peu différente, en favorisant l'utilisation des équipements et des logements touristiques en dehors de la haute saison de juillet-août. À une autre échelle, des formes de mutualisation de l'emploi saisonnier ont été imaginées. La maison du travail saisonnier Hérault Méditerranée, à Agde, organise ainsi des partenariats avec des stations de sports d'hiver pour que les emplois saisonniers d'été soient couplés avec des emplois saisonniers d'hiver.

Pourrait-on imaginer que cette logique de mutualisation puisse s'appliquer demain à une échelle plus importante ? Plusieurs questions pourraient de toute évidence être envisagées sous cet angle. Comment faire en sorte, par exemple, que le parc important de résidences secondaires de Marseillan-Plage puisse lui aussi trouver d'autres utilisations hors saison, dans un contexte local de crise du logement ? Comment procéder pour que le tourisme, principalement concentré sur le littoral, puisse aussi trouver des débouchés plus importants dans l'arrière-pays, ce qui aurait le double intérêt de répartir territorialement ses avantages et ses inconvénients ? Si des pistes sont ici à identifier, le cas de la mutualisation des emplois saisonniers nous rappelle la nécessité de penser simultanément des dispositifs d'accompagnement ad hoc : la maison du travail saisonnier prend en charge les déplacements, les problèmes de logements, jusqu'à la signature des contrats de travail.

Mais avec qui, comment et que doit-on mutualiser ? La question va de pair avec celle des interdépendances territoriales. Marseillan a intégré en 2002 Thau Agglo, qui a depuis fusionné avec la communauté de communes du Nord Bassin de Thau pour former la communauté d'agglomération Sète Agglopôle Méditerranée. Or ce territoire institutionnel correspond mal à la réalité des pratiques des habitants, qu'ils soient permanents ou occasionnels. Au sens de l'Insee, Marseillan est une commune isolée : elle n'est rattachée à aucun bassin de vie (ni Sète ni Agde) pour les commerces et services les plus courants. Marseillan est plus liée au bassin d'emploi d'Agde-Pézenas, voire à celui de Béziers, qu'à celui de Sète. Pour les services, commerces et loisirs qui dépassent les stricts besoins du quotidien, c'est encore Agde qui semble occuper la place principale. Cette situation n'est pas sans poser problème dans la régulation des activités sociales, à commencer par les transports publics urbains organisés autour de Sète.

Un constat similaire pourrait, certes, être dressé pour tous les périmètres intercommunaux de France, mais la dimension touristique de la commune lui donne ici une importance particulière. Sète Agglopôle Méditerranée n'est que marginalement le lieu d'une régulation du tourisme et de ses effets induits. Dans une situation où celui-ci est au cœur du développement communal, les maires conservent jalousement leurs prérogatives en la matière. En témoigne par exemple le fait que toutes les stations balnéaires de l'agglomération, dont Marseillan, ont souhaité déroger au transfert de leur office de tourisme au niveau intercommunal, ainsi que la loi les y autorise. Les politiques de la communauté d'agglomération dans les autres champs d'intervention peinent également à intégrer la dimension touristique, que ce soit le logement, l'aménagement urbain ou les transports.

L'IMPORTANCE DE LA COOPÉRATION INTERTERRITORIALE

Par ailleurs, les dynamiques de peuplement d'aujourd'hui semblent contribuer à réorganiser en profondeur les interdépendances territoriales de demain. Face au poids de l'économie résidentielle touristique, une partie des habitants permanents migre dans l'arrière-pays, dans des villes proches mais situées en dehors de l'agglomération, telles que

Pomérols, Pinet ou Saint-Thibéry. Ils continuent néanmoins de se rendre régulièrement à Marseillan (pour les loisirs par exemple), quand ce n'est pas quotidiennement (pour le travail ou l'école des enfants). La situation engendre des enjeux de régulation dans de multiples domaines (services, commerces, déplacements, etc.) qui échappent pour l'instant aux principaux instruments de planification aux mains des collectivités du littoral et de l'arrière-pays.

Comment, dans cette situation, penser les interdépendances territoriales dans lesquelles Marseillan se retrouvera imbriquée, et quelles sont les perspectives pour développer à l'avenir des mécanismes de solidarité et des dynamiques de coopération territoriale qui permettraient de s'affranchir d'une dépendance trop forte au tourisme ? Sans nécessairement remanier la carte des intercommunalités, des coopérations ponctuelles et ciblées pourraient-elles être envisagées à des échelles géographiques variables pour mutualiser les enjeux comme les problèmes[31] ? Les perspectives sont nombreuses, que ce soit avec les communes de l'arrière-pays (dans les domaines du logement, des équipements ou du tourisme rétro-littoral) ou avec les stations littorales voisines (pour réguler la fréquentation touristique et ses effets induits ou pour identifier des complémentarités entre stations). Il ne faudrait pas non plus exclure une possible collaboration avec la métropole montpelliéraine, pourtant davantage perçue aujourd'hui localement comme une menace que comme un partenaire potentiel. La croissance démographique de Montpellier — ininterrompue depuis plusieurs décennies — dessine un horizon dans lequel le destin des communes bordant l'étang de Thau devrait être à terme étroitement lié au sien.

NOTES DE FIN DE CONCLUSION

27 La notion de « dépendance au sentier » (*path dependence*) a d'abord été utilisée en économie, puis en sciences politiques, pour désigner des situations où des décisions prises par le passé orientent l'avenir dans des voies dont il sera difficile de sortir (Bruno Palier, « *Path dependence* (dépendance au chemin emprunté) », dans Laurie Boussaguet, Sophie Jacquot et Pauline Ravinet, *Dictionnaire des politiques publiques*, Paris, Presses de la Fondation nationale des sciences politiques, 2004, p. 318-326.)

28 À travers les enquêtes comme lors du séminaire POPSU Territoires de mi-parcours organisé avec les acteurs locaux, notre recherche nous a permis de croiser le destin touristique de Marseillan avec ceux de Leucate, Saint-Cyprien, Canet-en-Roussillon, Lacanau ou encore La Flotte-en-Ré : les enjeux, les problèmes, les tensions comme les modes d'action comportent de multiples points communs.

29 Voir les ateliers Territoires qui démarrent en 2020 dans les agglomérations de Sète et Perpignan.

30 Émeline Hatt souligne à quel point la question touristique est encore mal abordée dans les documents de planification urbaine, y compris dans les Scot (voir Émeline Hatt, « Aménagement touristique des littoraux et planification en France : des schémas d'aménagement étatiques aux schémas de cohérence territoriale », *Géographie, économie, société*, n° 22, 2020, p. 81-104).

31 La position géographique de Marseillan, en périphérie du territoire de Sète Agglopôle Méditerranée, lui permettrait probablement, plus qu'à d'autres communes de l'intercommunalité, de jouer un rôle d'interface avec l'extérieur à travers des formes souples de coopération.

COMPTAGE OISEAUX D'EAU
Hérons . Aigrettes
Héron garde boeuf
Héron cendré 38
Héron pourpré
Grande Aigrette 9
Aigrette garzette 30
Crabier chevelu
Ibis
Ibis falcinelle
Flamants
Flamant rose 376
Cygnes
Cygne tuberculé 13
Canards de surface
Canard colvert 79
Canard chipeau
Sarcelle d'été 74
Tadorne de belon 172
Canards plongeurs
Fuligule milouin 146
Nette rousse
Grèbes
Grèbe castagneux 17
Grèbe huppé 4
Cormorans
Grand cormoran 29
Râles . Foulques
Râle d'eau
Gallinule poule d'eau
Foulque macroule 588
Talève sultane 5
Goelands . Mouettes
Mouette rieuse 11
Mouette mélanocéphale 2
Goéland leucophée
Sternes
Sterne naine
Sterne pierregarin
Limicoles
Avocette élégante 42
Echasse blanche 21
Petit gravelot
Grand gravelot
Gravelot à collier interrompu
Vanneau huppé
Chevalier cul blanc 11
Chevalier aboyeur 3
Chevalier guignette 3
Chevalier gambette
Barge à queue noire
Bécassine des marais 2
Rapaces diurnes
Balbuzard pêcheur
Busard des roseaux 6
Autres observations
Guépier d'europe
Martin pêcheur 1
Guifette moustac
Buse variable 2
Canard Pilet 4
Sarcelle d'hiver 260
Canard Siffleur 66
Pluvier doré 69
Râle d'eau 4
Canard Souchet 89
Total oiseaux 2212
Nombre d'espèces observées 37

NOTE MÉTHODOLOGIQUE

BIOGRAPHIE DES AUTEURS

BIBLIOGRAPHIE

NOTE MÉTHODOLOGIQUE

Le travail de l'équipe POPSU Marseillan (Joel Idt, Jules-Mathieu Meunier et Lucie Renou, aidés par Amélie Pinca, Benjamin Christiaen et Bruno Yvin de l'agence Alphaville) repose sur une enquête de terrain qui, pendant neuf mois — entre février et octobre 2019 —, a conduit les membres de l'équipe à réaliser plusieurs séjours sur place et à effectuer plus d'une soixantaine d'entretiens semi-directifs, certains sous forme de visites de terrain commentées. Ces entretiens ont été menés auprès d'une grande variété d'interlocuteurs: représentants (élus et techniciens) de la commune et des autres collectivités (Sète Agglopôle Méditerranée, département, région), représentants territoriaux de l'État, acteurs de l'insertion et de l'emploi, acteurs de la filière touristique (commerces, restauration, hôtellerie de plein air, location immobilière, loisirs), producteurs locaux (conchyliculture, viticulture), associations locales ou simples résidents.

Plusieurs acteurs locaux (en particulier des élus et des techniciens de la municipalité) ont accompagné l'équipe de recherche tout au long de l'enquête, à la fois pour identifier les phénomènes intéressants à observer et les acteurs à interroger, mais aussi pour formuler les questionnements de recherche et les résultats (jusqu'à la relecture de ce cahier).

La recherche s'est également nourrie des débats qui se sont tenus à l'occasion du séminaire POPSU de coconstruction acteurs-chercheurs et du forum hors les murs organisés à Marseillan les 7 et 8 octobre 2019 dans le but de mettre en débat public les premiers résultats de l'enquête de terrain.

Acteurs, chercheurs et élus de la plateforme de Marseillan

Yves Michel, maire de Marseillan
Jean-Claude Aragon, conseiller municipal,
délégué aux travaux et aux services techniques
Fabrice Garcia, directeur de l'urbanisme de Marseillan
Michaël Gueylard, directeur général des services de Marseillan
Joël Idt, responsable scientifique, université Gustave-Eiffel – Lab'Urba
Jules-Mathieu Meunier, chercheur au Lab'Urba
Lucie Renou, chercheuse au Latts
Avec les contributions de l'agence de programmation urbaine Alphaville
(Amélie Pinca, Benjamin Christiaen et Bruno Yvin)

BIOGRAPHIE DES AUTEURS

Joel Idt est maître de conférences en urbanisme et aménagement au Lab'Urba à l'université Gustave-Eiffel. Ses travaux portent sur l'organisation de l'action collective en urbanisme, notamment les relations entre technique et politique dans les décisions publiques. Il a abordé sous cet angle les grands projets urbains en France et en Europe. Il s'intéresse aussi aux pratiques plus «ordinaires», et en particulier aux modalités de régulation de l'urbanisation diffuse.

Jules-Mathieu Meunier est géographe-urbaniste et chercheur associé au Lab'Urba (université Paris-Est-Créteil). Auteur d'une thèse sur la transformation d'Action Logement, il travaille aujourd'hui principalement sur le lien emploi-logement, c'est-à-dire sur la question du logement des travailleurs en tant qu'elle est partiellement reconfigurée depuis deux à trois décennies par les transformations à l'œuvre dans les champs du travail et de l'emploi (précarisation de l'emploi salarié, décrochage des salaires par rapport aux prix du logement dans une grande partie des bassins d'emploi).

Lucie Renou, docteure en aménagement du territoire et urbanisme, est chargée d'études en économie des territoires au sein de l'Agence d'urbanisme de la région nantaise (Auran). Chercheuse associée au Laboratoire techniques, territoires et sociétés (Latts), ses différentes activités d'études, de recherche ou encore opérationnelles portent sur les acteurs du développement économique local, et plus généralement sur les relations entre aménagement du territoire et économie.

BIBLIOGRAPHIE

Bessière Jacinthe, Clarimont Sylvie et Vlès Vincent, « La ressource patrimoniale, outil de diversification touristique ? Le pôle d'excellence rurale du Néouvielle, entre innovation et recyclage », *Natures, sciences, sociétés*, vol. 24, n° 3, 2016, p. 217-229.

Blondy Caroline, Vacher Luc et Vye Didier, « L'apport de la notion de population présente dans l'analyse du peuplement littoral », *Espace, populations, sociétés*, nos 1-2, 2013, p. 95-110.

Boudon Raymond, *Effets pervers et ordre social*, Paris, PUF, 1977.

Cadoret Anne et Lavaud-Letilleul Valérie, « Des "cabanes" à la "cabanisation" : la face cachée de l'urbanisation sur le littoral du Languedoc-Roussillon », *Espace, populations, sociétés*, nos 1-2, 2013, p. 125-139.

Davezies Laurent, *La République et ses territoires : la circulation invisible des richesses*, Paris, Seuil, 2008.

Davezies Laurent, « Les moteurs du développement de la zone de La Rochelle et de ses territoires », Dreal Poitou-Charentes, 2008.

Debarbieux Bernard, Del Biaggio Cristina et Petite Mathieu, « Spatialités et territorialités du tourisme : dialectique du flux et de l'ancrage dans les Alpes », *Civilisations*, n° 57, 2008, p. 75-89.

Decroly Jean-Michel, « Tourisme et dynamiques démographiques : des relations multiples, denses et mal connues », *Espace, populations, sociétés*, n° 2, 2003, p. 239-249.

Delaplace Marie, « Le tourisme dans les villes moyennes : vers des politiques coordonnées », Métropolitiques.eu, 2013.

FMVM, « Le tourisme, une opportunité pour dynamiser les villes moyennes », actes du colloque du 10 juin 2010, Palais du Luxembourg, 2010 (en ligne).

Gauche Mélanie, « La fonction touristique des territoires : facteur de pression ou de préservation de l'environnement ? », rapport pour le ministère de l'Environnement, de l'Énergie et de la Mer, 2017.

Gilbert Guy et Guengant Alain, « Évaluation de la performance péréquatrice des concours financiers de l'État aux communes », *Économie et statistique*, n° 373, 2004, p. 81-108.

Hatt Émeline, « Aménagement touristique des littoraux et planification en France : des schémas d'aménagement étatiques aux schémas de cohérence territoriale », *Géographie, économie, société*, n° 22, 2020, p. 81-104.

Lejoux Patricia, « De l'économie touristique à l'économie présentielle : le cas des régions et des départements français », *Journal for Communication Studies*, vol. 2, n° 2, 2009, p. 11-28.

Martin Elsa, « Les villes moyennes face à la présence touristique : de l'engagement des élus aux représentations des habitants », Métropolitiques.eu, 2014.

Martin Elsa, « L'action publique et ses limites en matière de flux de population : analyse d'un centre ancien patrimonialisé », *Géocarrefour*, vol. 91, n° 3, 2017.

Palier Bruno, « Path dependence (dépendance au chemin emprunté) », dans Boussaguet Laurie, Jacquot Sophie et Ravinet Pauline, *Dictionnaire des politiques publiques*, Paris, Presses de la Fondation nationale des sciences politiques, 2004, p. 318-326.

Terrier Christophe, « Flux et afflux de touristes : les instruments de mesure, la géomathématique des flux », *Flux*, n° 65, 2006, p. 47-62, 2006.

Terrier Christophe, « Distinguer la population présente de la population résidente », *Courrier des statistiques*, n° 128, 2009, p. 63-70.

Vlès Vincent, « Entre redynamisation urbaine et banalisation des espaces : tensions et enjeux de l'urbanisme touristique », *Mondes du tourisme,* n° 3, 2011, p. 14-25.

CRÉDITS

Photographies : l'ensemble des photos de cet ouvrage est issu d'un reportage terrain effectué en mars 2022 par Emmanuel du Bourg.

Ensemble des figures : source Alphaville, 2020

Identité graphique : Travaux-Pratiques

POPSU

La collection « Carnet de territoires » est le fruit d'un projet réunissant la sous-direction de l'aménagement durable de la direction générale de l'Aménagement, du Logement et de la Nature (ministère de la Transition écologique), le Plan urbanisme construction architecture et la Cité de l'architecture et du patrimoine. À travers des portraits de territoires, elle vise à révéler la diversité des territoires, des dynamiques d'acteurs et des enjeux de l'action publique locale, sous la forme de résultats de recherche ou d'études de terrain.

Les études de cas du programme « Territoires » de la Plateforme d'observation des projets et stratégiques urbaines (POPSU) sont menées dans les petites villes par des équipes de chercheurs et de chercheuses, mobilisés pour analyser les dynamiques des territoires au plus près du terrain. Les résultats sont construits et discutés avec les élus, acteurs et partenaires locaux. De cet ancrage dans l'unicité des territoires émergent des cas d'école, ferments d'un nouveau récit territorial.

À l'échelle nationale, le programme « Territoires » est l'opérateur recherche du programme « Petites villes de demain » et mobilise un collège des partenaires composé du Plan urbanisme construction architecture, de la sous-direction de l'aménagement durable de la direction générale de l'Aménagement, du Logement et de la Nature (ministère de la Transition écologique), de l'Agence nationale de la cohésion des territoires, de la Banque des territoires et l'Institut pour la recherche de la Caisse des dépôts, le Réseau rural français, l'Union européenne et le Feader, le Commissariat du Massif central, du ministère de la Culture, de la Cité de l'architecture et du patrimoine, l'Agence d'urbanisme Bordeaux-Aquitaine - A'urba, l'Union sociale pour l'habitat, la Fédération nationale des agences d'urbanisme, l'Agence de la transition écologique, l'Assemblée nationale, la Fédération nationale des parc naturels régionaux, l'Association des maires ruraux de France, Intercommunalités de France – ADCF, la Fabrique de la cité, Le Conseil général de l'environnement et du développement durable, 1000 doctorants pour les territoires.

PLATEFORME D'OBSERVATION DES PROJETS ET STRATÉGIES URBAINES (POPSU)

Secrétaire permanente
du Plan urbanisme
construction architecture
Hélène Peskine

Directeur général de L'Europe des projets architecturaux et urbains
Jean-Baptiste Marie

Président du conseil stratégique POPSU
Jean-Marc Offner

Responsable scientifique du programme Territoires
Hélène Reigner

Responsable du programme Territoires
Hélène Milet

Coordination
Aurore Meyfroidt

ÉDITIONS AUTREMENT

Partenariats éditoriaux
Henri Julien et Emmanuelle Rolland

Édition
Virginie Maubourguet
et Léo Samir Rougier

Relecture
Alice Breuil

Adaptation et mise en page
Claude-Olivier Four

Fabrication
Chloé Brossard

Groupement d'intérêt public L'Europe des projets architecturaux et urbains

Ministère de la Transition écologique

Ministère de la Cohésion des territoires et des Relations avec les collectivités territoriales

Plan urbanisme construction architecture

Grande Arche paroi sud

92055 La Défense Cedex
+ 33 (0)1 40 81 24 37

Autrement, une marque de Flammarion S.A.

ISBN : 978-2-0802-8269-9

N° d'édition : L01EHAN000122.N001

Dépôt légal : juin 2022

www.autrement.com
partenariats@autrement.com

Achevé d'imprimer par GPS Group
en juin 2022